PROJET

DE

DÉCLARATION DE DROITS.

PROJET

DE

DÉCLARATION DE DROITS;

Par M. GOUGES-CARTOU, Député des six Sénéchaussées du Quercy.

A VERSAILLES,

Chez BAUDOUIN, Imprimeur de L'ASSEMBLÉE NATIONALE, Avenue de S. Cloud, n° 69.

1789.

PROCÈS

des

AVERTISSEMENT.

ENCORE une Déclaration de droits, va-t-on s'écrier en voyant cette Brochure ! Je m'y attends, & cependant j'ai eu le courage de mettre la main à la plume. Je vais rendre compte des motifs que j'ai eus. Si le Lecteur n'en est pas satisfait, il doit cesser de lire.

Une Déclaration des droits de l'Homme & du Citoyen a été jugée par l'Assemblée Nationale devoir précéder la Constitution. Il en a été présenté plusieurs projets ; presque tous n'offrent que des principes isolés : tout le monde en reconnoît la Justesse, mais ils ne font que sentis ; & il reste à faire appercevoir la chaîne qui les lie à ces vérités fondamentales qui, semblables aux axiômes des géomètres, se présentent à l'esprit dans le dernier degré de l'évidence. M. l'Abbé Sieyes est le seul qui a remonté jusqu'à leur source: « s'emparant (1), pour ainsi dire, de la nature » de l'homme dans ses premiers élémens, &

____

(1) Rapport fait par M. l'Archevêque de Bordeaux.

» la suivant sans distraction dans tous ses
» développemens & dans ses combinai-
» sons sociales, il a l'avantage de ne
» laisser échapper aucune des idées qui
» enchaînent les résultats, ni des nuances
» qui lient les idées elles-mêmes » ; mais elles
sont si abstraites, l'esprit a tant de peine à
suivre le fil de ses raisonnemens, qu'il paroît
que le plus grand nombre renonce à faire
usage de son plan.

Cependant, si l'on considère quel est le
but que l'on se propose en faisant une Déclaration de droits ; si l'on convient qu'elle doit
être plutôt le plus fort boulevard de la liberté
que nous venons de recouvrer, que le simple
énoncé des principes qui vont nous guider
dans le grand ouvrage de la Constitution,
on devra convenir que nous ne saurions assez
faire appercevoir la relation intime de ces
mêmes principes avec les vérités élémentaires
dont ils émanent ; vérités également simples
& immuables, & qu'il suffit de montrer pour
les reconnoître. Tout ce que l'on peut exiger,
c'est qu'on le fasse d'une manière simple,
claire, & à portée de tout le monde. Or,
c'est précisément ce que j'ai tâché de faire.

On a pensé généralement, & d'abord je l'ai cru aussi, qu'une Déclaration de droits ne sauroit être assez courte. Mais mon opinion a changé à cet égard, depuis que j'ai fait attention & reconnu que la liberté du Citoyen étant exposée à être attaquée de tant de manières différentes, on ne pouvoit assez multiplier les moyens de défense.

Dans ce sens, une Déclaration de droits est un recueil de remèdes qui doit être d'autant plus volumineux, qu'il y a plus de maladies à guérir.

D'après cette considération, j'ai recueilli ce que j'ai trouvé de plus propre à entrer dans mon plan. J'ai fait principalement usage du recueil des Constitutions Américaines & des projets de MM. l'Abbé Sieyes & Mounier, & de celui qui a été discuté dans le sixième Bureau. Semblable à l'abeille, qui fait si bien s'approprier les substances qu'elle cueille sur les fleurs, j'aurois pu sans doute m'approprier aussi les productions de ces différents Auteurs, en les faisant passer à travers les filières de mon foible génie ; c'est une charlatanerie assez en usage parmi les Ecrivains ; mais,

comme je ne suis pas du métier, j'ai eu le
scrupule d'employer autant que je l'ai pu leurs
propres expressions, & même leurs articles en
entier. D'ailleurs j'ai considéré que j'avois
l'honneur d'être appelé conjointement avec
eux à élever le grand & magnifique édifice
de la liberté ; & jamais je n'ai vu un Maçon,
posant une pierre, jaloux de voir son compa-
gnon en poser une autre.

On remarquera peut-être dans cet Ouvrage
que plusieurs articles, émanent si facilement
de ceux qui les précèdent, qu'il ne valoit pas
la peine de les énoncer ; mais on ne les jugera pas inutiles, si on les considère comme
des pierres-d'attente propres à fixer d'avance
plusieurs points essentiels de la procédure &
de la législation.

Je dois prévenir cependant qu'après avoir
établi les axiômes de la science politique, je
ne me suis pas contenté de lier par une chaîne
de raisonnemens les divers articles insérés dans
les différents projets de Déclaration que j'ai
cités ; j'ai cru encore indispensable d'exposer
les droits fondamentaux des Sociétés : j'ai pensé
qu'une Constitution étant (comme le dit très-

bien M. Rabaut de Saint-Etienne) une forme précise adoptée pour le gouvernement d'un Peuple, cette forme étoit déterminée & par des principes qui ne changent jamais, & par des principes qui sont sujets à varier, parce qu'ils émanent des mœurs & des préjugés des siècles, & même du caractère des Législateurs.

Sous ce point-de-vue, on doit considérer une Déclaration de droits comme la collection des principes inaltérables qui entrent dans la Constitution de toute espèce de Gouvernement libre; & on doit reconnoître qu'elle sera d'une utilité inappréciable, toutes les fois qu'on entreprendra d'altérer la Constitution, puisque l'on sera forcé de la comparer sans cesse avec les changemens qu'on pourroit se proposer, & qui ne sauroient être adoptés toutes les fois qu'ils se trouveront en opposition avec elle.

Il est donc essentiel de traiter des droits immuables, non-seulement de l'individu considéré successivement dans l'état de Nature & de Société, mais encore des Sociétés elles-mêmes.

J'ai recherché dans cette dernière partie ce qui conſtitue les différens Gouvernemens, & les motifs qui peuvent faire adopter l'un ou l'autre. Mon intention a été d'amener tous les François à cette conféquence : *le Gouvernement Monarchique eſt celui qui nous convient le mieux.* Je defire que tous y fouſcrivent avec la même fincérité que je le fais. Ce principe, bien mieux que la vaine cérémonie du Sacre de nos Rois, unira intimement le Prince & les Sujets, & fera dans tous les temps la principale force de l'Etat.

Qu'il me foit également permis de relever une erreur qui s'eſt propagée, & qui peut devenir d'autant plus contagieufe, qu'elle a été adoptée par un écrivain qui a l'art de développer des idées profondes avec autant de clarté que de fagacité.

« L'homme dans l'état de Nature (dit M. » Crenière) n'eſt ni libre, ni efclave ; il eſt » indépendant ».

Je voudrois bien favoir ce que c'eſt qu'un être qui n'eſt ni libre ni efclave. Je voudrois favoir encore s'il peut y avoir entre l'indépendance & la liberté d'autre différence que celle

que l'on peut concevoir entre de l'eau bouil-
lante, & une plus ou moins chaude.

« Il n'a point de droits à exercer, ajoute
M. Crenière »; mais dans ce cas, comment
pourroit-il en avoir dans l'état de Citoyen ?
Seroit-il possible qu'une foule de zéros accu-
mulés donnât une valeur réelle ? Une Société de commerce pourroit - elle avoir des
capitaux sans les mises des Associés ? Telle
est la Société politique ; elle a des droits,
parce que chaque Citoyen en apporte ; &
celui-ci n'en a à son tour que parce qu'il
les possédoit en sortant des mains de la
Nature.

Et qu'on ne se représente pas l'homme de
la Nature comme un être isolé. Pourquoi,
naturellement bienfaisant & sensible, ne vivroit-
il pas avec ses semblables sous les Loix de
la justice & de la morale ? Est-ce que la con-
science ne sauroit pas lui dire comme à nous,
qu'il ne faut pas faire à autrui ce que nous
ne voudrions pas qui nous fût fait ?

Pour moi, je n'apperçois que cette différence
caractéristique entre l'homme de la Nature &
l'homme vivant sous les Loix de la Société :

le premier n'a d'autre appui que sa propre force, & le second a encore celui de toute la Société qui lui a garanti tous ses droits, comme il a garanti à son tour les droits de chacun de ses Concitoyens.

PROJET

DE

DÉCLARATION DE DROITS.

L'ASSEMBLÉE NATIONALE confidérant qu'elle a été convoquée principalement pour régénérer l'Etat & détruire les abus de toute efpèce qui s'oppofent à fa félicité, a reconnu qu'elle ne fauroit y parvenir fans établir une Conftitution fixe & permanente.

Cette Conftitution fera le contrat qui unira le Roi & la Nation par des engagemens réciproques dictés pour le bonheur de tous, par l'amour & la confiance.

Mais, afin que ces engagemens foient à jamais obfervés, il faut qu'ils foient avoués par la raifon ; il faut qu'il n'y ait pas de François qui n'en reconnoiffe toute la juftice & la fainteté.

Il eft donc indifpenfable de conftater les principes fur lefquels ils font fondés : c'eft pourquoi l'Affemblée Nationale a jugé convenable de faire précéder ladite Conftitution par une Déclaration des droits de l'Homme, du Citoyen & des Sociétés.

Droits de l'Homme.

ARTICLE PREMIER.

Chaque homme tient de la Nature le droit de veiller à sa conservation , & celui d'être heureux.

I I.

Pour assurer sa conservation & son bonheur, elle lui a donné une volonté & des qualités physiques & morales.

I I I.

Ainsi, tout homme a le droit essentiel d'user de ses facultés suivant sa volonté.

I V.

La Nature a donc fait les hommes indépendans les uns des autres , c'est-à-dire, entièrement libres.

V:

Ainsi les hommes sont égaux , non en force & en moyens, mais en droits.

V I.

Ces droits essentiels & imprescriptibles, puisqu'ils dérivent de la Nature de l'homme, sont celui de jouir de l'honneur, de la vie & d'une liberté entière ; celui d'acquérir des propriétés, de les transmettre à qui bon lui semble, de les posséder & de les défendre en repoussant la force par la force ; en un mot le droit de chercher & d'obtenir par tous les moyens qui sont en son pouvoir, la sûreté & le bonheur.

Droits du Citoyen.

V I I.

Dans l'état de Nature , chacun, pour le maintien & la défense de ses droits, n'a pu faire usage que de sa propre force, qui le plus souvent a dû être insuffisante. De-là l'intérêt commun qu'ont eu les hommes de se réunir en société, c'est-à-dire, de mettre les droits de chaque individu sous la protection & la sauve-garde de tous.

V I I I.

Ainsi, une Société politique est l'effet d'une convention libre entre tous les Citoyens , & son objet doit être nécessairement le plus grand bien de tous, & la conservation des droits qui leur sont accordés par la Nature.

I X.

Mais ils ne peuvent exercer des droits opposés entr'eux, sans que l'un l'emporte sur l'autre , & qu'il en résulte une altération dans la liberté & l'égalité. Ainsi chaque Citoyen doit faire l'abandon de tous les droits qui nuisent à ceux d'un autre. Ce sacrifice est d'autant plus juste, qu'il est le prix des autres droits qui lui restent , dont le libre exercice lui est pleinement garanti par la Société.

X.

Ainsi tout Citoyen est libre dans l'exercice de ses

facultés personnelles, à la seule condition de ne pas nuire aux droits d'autrui.

X I.

Ainsi personne n'est responsable de sa pensée ni de ses sentimens, & nulle manière de les publier ne doit lui être interdite; chacun est libre d'écrire & de faire imprimer ce que bon lui semble, toujours sous la condition de ne pas donner atteinte aux droits d'autrui. Enfin, tout Ecrivain peut débiter ou faire débiter ses productions, & il peut les faire circuler librement, tant par la poste, que par toute autre voie, sans avoir jamais à craindre aucun abus de confiance. Les lettres en particulier doivent être sacrées pour tous les intermédiaires qui se trouvent entre celui qui écrit, & celui à qui il écrit.

X I I.

Tout Citoyen est, sous la même condition, le maître d'aller ou de rester par-tout, quand & comme bon lui semble; enfin, de disposer de ses propriétés ainsi qu'il le juge à propos.

X I I I.

Tous les droits dont l'exercice est prohibé, doivent être clairement énoncés; car il est juste que chaque Citoyen puisse bien connoître quels sont ceux qui lui restent. Cette énonciation s'appelle Loi. Ainsi, *la Loi n'est pas faite* pour permettre; elle ne l'est *que pour défendre.*

X I V.

(17)

X I V.

De-là cette conséquence : tout ce qui n'est pas
défendu par la Loi est permis, & nul ne peut être
contraint à faire ce qu'elle n'ordonne pas.

X V.

Ainsi, tout Citoyen est libre d'employer ses bras,
son industrie & ses capitaux, comme il le juge bon
& utile à lui-même. Nul genre de travail ne peut
lui être interdit. Il peut fabriquer & produire ce
qu'il lui plaît, & comme il lui plaît : il peut garder
ou transporter à son gré toute espèce de marchan-
dises , & les vendre en gros ou en détail. Dans ces
diverses occupations, nul Particulier, nulle associa-
tion n'a le droit de le gêner, à plus forte raison de
l'empêcher. La Loi seule peut marquer les bornes
qu'il faut donner à cette liberté comme à toute
autre.

Droit des Sociétés.

X V I.

Une société quelconque ne peut avoir pour objet que l'intérêt commun. Les destinations sociales doivent être fondées sur l'utilité commune.

X V I I.

Chaque homme dans l'état de Nature jouissant sur
lui-même d'un droit absolu & universel, il faut bien
que la Société possède aussi sur elle-même le même

B

droit, c'est-à dire, que *la souveraineté réside dans tous les membres d'une société considérée collectivement.*

XVIII.

Ainsi une société quelconque possède incontestablement toute espèce de pouvoirs. Elle a en tous temps celui de revoir & de réformer sa Constitution ; celui de faire des Loix, de les faire exécuter, & de prononcer sur leur violation ; c'est-à dire, qu'en vertu de sa souveraineté, elle possède éminemment les droits législatif, exécutif & judiciaire.

XIX.

Tous les Citoyens étant égaux, nul ne peut imposer *la Loi* à un autre ; elle *ne peut être que l'expression de la volonté générale* ; tous doivent donc la respecter & lui obéir.

XX.

Ainsi tout Citoyen appelé ou saisi au nom de la Loi, se rend coupable par la résistance.

XXI.

Tous devant être égaux aux yeux de la Loi, ils ont un droit égal à la justice la plus impartiale, la plus exacte & la plus prompte, tant pour leurs personnes que pour leurs propriétés ; & ils doivent l'obtenir gratuitement.

XXII.

La volonté générale n'est jamais aussi bien exprimée, que quand elle est celle de tous les Citoyens ;

à défaut elle doit être énoncée par la majorité des suffrages.

X X I I I.

Une minorité, quelle qu'elle soit, ne peut arrêter la promulgation d'une Loi : car il est évident que dans ce cas, le petit nombre empêcheroit de défendre ce qui est nuisible au plus grand. (Voyez l'article 13).

X X I V.

Tous les Citoyens devant avoir une portion égale dans les avantages de la Société, ils doivent exercer une influence égale dans les délibérations publiques.

X X V.

Ainsi un des principaux points d'une Constitution doit être la manière dont un Peuple doit s'assembler, pour qu'il puisse, toutes les fois qu'il sera nécessaire, manifester ses volontés librement, clairement, facilement & promptement.

X X V I.

Une Société a le droit, en vertu de sa souveraineté, de déléguer à qui bon lui semble les pouvoirs qu'elle possède. Ainsi, tous ceux qui dans une Nation sont revêtus d'une portion quelconque d'autorité, ne doivent être considérés que comme ses mandataires.

X X V I I.

Les Officiers publics, dans tous les genres de pouvoirs, sont responsables de leurs prévarications, & comptables de leur conduite.

XXVIII.

Un Gouvernement ne doit exister que pour l'intérêt de ceux qui sont gouvernés, & non pour l'intérêt de ceux qui gouvernent.

XXIX.

Les fonctions publiques doivent donc suivre les besoins publics ; le nombre des places doit être rigoureusement borné au nécessaire ; il est absurde sur-tout, qu'il y ait des places sans fonctions.

XXX.

Il est également absurde qu'un Citoyen puisse être exclus d'une place, pour raison de ce qu'un stupide préjugé apelle défaut de naissance. Il faut, pour toute espèce de service public, préférer les plus capables.

XXXI.

Des pensions sur le Trésor public ne peuvent être sollicitées & obtenues, qu'à titre de récompense pour des services rendus par des hommes sans fortune, qui ne peuvent plus être employés utilement.

XXXII.

S'il est, dans la Société générale, des sociétés particulières, elles doivent lui être subordonnées. Sa souveraineté lui donne incontestablement le droit de les réformer, même de les détruire, & de faire de leurs biens telle application que bon lui semblera, s'ils ne sont transmissibles ni par donation, ni par droit de succession.

XXXIII.

Si un Peuple est trop nombreux, & qu'il occupe un espace trop étendu, il lui est impossible de se réunir, & il est réduit à former des assemblées partielles, & à se choisir des Représentans. Ces assemblées doivent être circonscrites de manière que tous ceux qui en feront partie puissent y être appelés commodément, promptement & facilement.

XXXIV.

Ainsi, si une Nation est renfermée dans quinze ou vingt lieues quarrées, & s'il y a une Ville au centre de cet espace, il est naturel que le Peuple se divise en un certain nombre de cantons, dont chacun formeroit une corporation, & que chaque canton nomme ses Représentans, & les charge de se réunir avec les autres dans cette Ville, pour y traiter des affaires publiques. Dans une telle hypothèse, chaque Citoyen influeroit directement dans le choix des Représentans de la Nation.

XXXV.

Si trente ou même soixante Districts semblables se réunissent en corps de nation, il sera également naturel que les représentans de chacun d'eux en nomment d'autres, & que ceux-ci se rendent, de concert, au centre de la Province, qui ne peut qu'être ou devenir la Ville principale. Dans un tel cas, il seroit statué par les représentans des représentans.

XXXVI.

Enfin, ſi un certain nombre de Provinces ſont réu-
nies en corps de nation, il eſt encore naturel que
leurs repréſentans chargent un certain nombre de
délégués de ſe réunir dans la Capitale de l'Empire,
pour y traiter des intérêts communs. Dans ce dernier
cas, la repréſentation s'éloigneroit encore d'un degré.

XXXVII.

Voilà la marche ſimple que la raiſon nous indi-
que, pour former les corps politiques : ils doivent
être les élémens les uns des autres, afin que chaque
Citoyen puiſſe, comme membre de la ſouveraineté,
exercer toute l'influence poſſible. Leur nombre doit
dépendre du degré de population, & de l'eſpace
qu'une Nation occupe, en telle ſorte qu'il y ait entre
eux & elle, le même rapport que celui qui exiſte
entre pluſieurs cercles concentriques.

XXXVIII.

Tous les Citoyens étant égaux en droit, chacun doit
avoir ſa voix dans la corporation élémentaire où il
eſt appelé pour voter individuellement ; & il en ré-
ſulte que chacune des autres doit fournir à la corporation qui lui eſt immédiatement ſupérieure, un
nombre de repréſentans proportionné au nombre de
ceux qu'elle repréſente elle-même (1).

____

(1) Pluſieurs penſent que le nombre des Repréſentans doit être
proportionné à la contribution. Il s'enſuivroit, comme je le dé-
montrerai bientôt, que dans ce cas chaque Citoyen devroit avoir

(23)

XXXIX.

Si un Peuple eſt trop nombreux, & qu'il occupe trop d'eſpace, il eſt encore réduit à déléguer les différens pouvoirs qui conſtituent la Souveraineté.

X L.

Il peut ſans doute les déléguer à qui bon lui ſemble: mais ſi la puiſſance exécutrice a le droit de faire des Loix, elle ne promulguera que celles qui ſerviront à étendre ſon autorité. Si elle a le droit de juger, elle pourra frapper par le glaive de la Loi, ceux qui ne voudront pas ſouſcrire à ſes volontés particulières.

De même le pouvoir ſur la vie & la liberté des Citoyens ſeroit arbitraire, ſi ceux à qui le pouvoir de faire les loix ſeroit confié, avoient celui d'en faire l'application à leur gré.

---

dans la corporation élémentaire une influence égale à ſa contribution ; mais celle-ci étant toujours proportionnée aux facultés, il eſt évident qu'elle n'eſt autre choſe que le juſte prix de la protection accordée à chaque Citoyen, & qui eſt toujours proportionnée à ſa fortune : ſi donc la Loi accordoit une influence proportionnée à la protection qu'elle accorde, elle altéreroit, ſans aucune indemnité, l'égalité de droits, qui eſt le principe fondamental des Sociétés.

Appelons X l'influence d'un Citoyen, C ſa contribution, & N le nombre de Citoyens qui forment une contribution élémentaire. La contribution de la corporation ſera CN, & ſon influence F ſera, d'après la proposition, proportionné à CN : mais elle doit être la ſomme de toutes les influences partielles, c'eſt-à-dire, que F=NX, donc NX doit être proportionné à CN, & X à C.

B 4

Enfin il est visible que la réunion des trois pouvoirs porteroit les abus à leur comble. Ainsi *la liberté d'un Peuple est en danger, tant que les pouvoirs législatif, exécutif & judiciaire, ne sont pas distincts & séparés.*

X L I.

Le Juge ne doit, dans aucun cas, substituer sa volonté privée à la volonté générale ; une impartialité parfaite doit être son caractère ; il doit être uniquement l'organe de la Loi.

X L I I.

Ce n'est donc pas au Juge à constater les faits : ce soin doit être réservé à des Jurés, choisis librement par les parties, sur une liste dressée antérieurement en vertu de la Loi.

X L I I I.

La Loi devant éviter toute espèce d'arbitraire, aucun citoyen ne peut être tenu de répondre pour un délit quelconque, à moins qu'il ne lui soit énoncé pleinement & clairement, substantiellement & formellement ; & il ne peut être contraint de s'accuser ou de fournir des preuves contre lui-même. Il a au contraire le droit de produire toutes celles qui peuvent lui être favorables, d'être confronté face à face avec les témoins, & d'être entendu pleinement dans sa défense, par lui même, ou par un conseil à son choix.

X L I V.

Si un Citoyen a été arrêté & emprisonné hors les

cas prévus par la Loi, il doit lui être adjugé l'indemnité qu'elle aura dû avoir fixée.

X L V.

Puisque la Loi oblige également les Citoyens, elle doit punir également les coupables ; mais nul ne pourra être exilé ou privé de la vie, de la liberté ou de ses biens, qu'en vertu de la Loi & après un jugement de ses Pairs.

X L V I.

Dans les poursuites criminelles, la vérification des faits dans le voisinage du lieu où ils se sont passés, est de la plus grande importance pour la sûreté de la vie, de la liberté & de la propriété des citoyens. Ainsi les Ministres des Loix ne sauroient être assez à portée des Justiciables.

X L V I I.

La liberté, la propriété & la sécurité des citoyens, doivent reposer sous une garantie sociale, supérieure à toutes les atteintes. Ainsi il doit y avoir une force capable de réprimer ceux des simples citoyens qui entreprendroient d'attaquer les droits de quelqu'autre, & une armée capable de défendre la société contre les attaques des ennemis étrangers.

X L V I I I.

Les Impôts sont donc nécessaires pour le soutien d'une société ; mais il est évident qu'ils ne doivent jamais excéder les besoins.

X L I X.

La protection de l'Etat devant s'étendre à toute espèce de propriété, chaque Citoyen ne peut être dispensé, sous quelque prétexte que ce soit, de l'obligation de contribuer en proportion de ses biens.

L.

La contribution publique étant une portion retranchée de la propriété de chaque Citoyen, ils ont tous le droit d'en constater la nécessité, de la consentir librement, d'en suivre l'emploi, & d'en déterminer la quotité, l'assiette, le recouvrement & la durée ; & s'ils ne peuvent pas l'exercer par eux-mêmes, il faut bien qu'ils en confient l'exercice à quelqu'un.

L I.

Ils ne sauroient le confier au Corps chargé de juger ; car ses Membres, par la nature de leurs fonctions, doivent être constamment séparés.

Ils ne sauroient non plus le confier au Corps exécutif, sans que la liberté en souffrît ; car, dès qu'il auroit à sa disposition & l'armée & le trésor, rien ne pourroit l'empêcher d'usurper tous les autres pouvoirs.

L I I.

Il est donc nécessaire que le Peuple, à raison de l'Impôt, confie tous ses droits au Corps Législatif, qui devra y être assujetti comme le reste des Citoyens.

L I I I.

Le Corps Légiflatif devant être le gardien de la liberté par l'établiffement des Loix fur lefquelles elle doit être fondée, il eft néceffaire qu'il s'affemble fréquemment pour furveiller leur exécution. Il convient donc qu'il n'accorde l'Impôt que pour un an, afin que les befoins toujours renaiffans du Corps exécutif le déterminent puiffamment à concourir à cette mefure de toutes fes forces.

L I V.

La puiffance exécutrice eft principalement établie pour diriger toutes les forces de l'Etat, mais elles ne doivent jamais fervir à opprimer le Peuple; ainfi les Troupes ne doivent prêter ferment qu'à la Nation entre les mains du corps exécutif, & elle ne devront être employées contre les Citoyens qu'à la réquifition du Magiftrat, à l'exception des cas qui doivent avoir été prévus par la Conftitution.

L V.

Il eft donc très-effentiel que la Conftitution de l'Armée foit l'ouvrage de la puiffance légiflative.

L V I.

Le Peuple eft intéreffé à établir une balance entre les Corps exécutif & légiflatif, de manière que l'un ne puiffe pas être opprimé par l'autre. Il faut donc que le Corps légiflatif puiffe délibérer avec la plus grande liberté; en conféquence : 1°. Aucun de fes

Membres ne doit être dans le cas de redouter d'être recherché dans aucun temps pour des avis & des opinions qu'il auroit pu manifester dans les Assemblées, & sa personne doit être déclarée inviolable.

2°. Le Corps exécutif ne pourra, sous aucun prétexte, se mêler de la police des Assemblées du Corps législatif. Il n'ordonnera dans aucun temps aux Soldats d'approcher du lieu où elles se tiendront, à moins qu'il n'en soit requis par l'autre, auquel cas lesdits Soldats seront uniquement aux ordres du Corps législatif.

L V I I.

Il faut également que le Corps exécutif, non-seulement ait connoissance de toutes les résolutions du Corps législatif qu'il doit être chargé de faire exécuter, mais qu'il ait encore le droit de s'opposer efficacement à toutes celles qu'il jugera nuisibles : ainsi *aucune résolution du pouvoir législatif ne pourra être érigée en Loi que par la sanction du Corps exécutif.*

L V I I I.

Le pouvoir exécutif aura encore dans tous les temps le droit de faire au Corps législatif les demandes & propositions qu'il croira avantageuses à la chose publique, & s'il éprouve un refus de sa part, il aura celui de s'adresser au Peuple en qui réside la plénitude des pouvoirs, de le faire assembler pour qu'il prononce lui-même, qu'il manifeste ses intentions à ses Représentans, & même pour qu'il lui en substitue d'autres, s'il le juge nécessaire.

L I X.

Par le même motif, si le Corps exécutif s'oppose par un *veto* à quelque décret du Corps législatif, celui-ci aura le droit, sans que le premier puisse s'y opposer, de faire assembler le Peuple qui devra manifester son vœu sur ledit Décret.

L X.

Le pouvoir exécutif peut être confié (sans que la liberté soit compromise) à un seul individu, ou à plusieurs, ou à une partie considérable du Peuple. Delà naît la distinction des trois espèces de Gouvernement, savoir : le Monarchique, l'Aristocratique & le Démocratique.

L X I.

Si un Peuple est peu nombreux, & qu'il occupe peu d'espace, un grand nombre d'individus peut sans inconvénient avoir part au pouvoir exécutif. Ce nombre doit diminuer à mesure que le Peuple est plus nombreux, & que son territoire est plus vaste ; en telle sorte que.......

L X I I.

L'intérêt d'une grande Nation exige que le pouvoir exécutif soit concentré dans une seule personne, afin que son activité, qui doit être toujours proportionnée aux obstacles qui doivent être surmontés, & à la masse qui doit être mise en mouvement, soit la plus grande possible.

L X I I I.

Il résulte de cet exposé, que si chaque Nation a

le plus grand intérêt à bien discerner le Gouvernement qui lui convient le mieux, son choix ne sauroit être fait au hasard, & qu'il doit être principalement déterminé par sa population, & l'étendue de son territoire.

L X I V.

Quelle que soit l'étendue & la population d'un Etat, le pouvoir législatif ne sauroit être confié à un seul, sans compromettre la liberté. Il y auroit à craindre qu'il ne consultât que son propre intérêt dans l'établissement des Loix.

L X V.

Dans toute espèce de Gouvernement les Membres du Corps législatif & ceux du Corps judiciaire doivent être amovibles & révocables à volonté. Le Peuple, en les faisant rentrer dans la classe ordinaire des Citoyens, évite le danger d'être opprimé par eux.

L X V I.

Il doit en être de même dans une République pour les Membres du Corps exécutif. Mais si dans une Monarchie le Peuple vouloit se réserver le droit de renvoyer le Roi, & même celui d'en nommer un autre à son gré après sa mort, il est aisé de prévoir que le Roi ne manqueroit pas de faire usage des grandes forces qui lui auroient été confiées, pour se maintenir sur le Trône ou pour le transmettre à sa postérité, & que cette réserve du Peuple seroit une source perpétuelle de cabales, de factions & de guerres civiles.

L X V I I.

Le bonheur d'une Société, qui ne peut exister au milieu des diffentions, exige donc que dans une Monarchie le pouvoir exécutif soit concentré dans une feule famille, & que l'ordre de la fucceffion à la Couronne soit déterminé d'avance d'une manière claire & invariable.

Alors l'ambition du Monarque est fatisfaite. Son intérêt & celui du Peuple ne font qu'un, & la tranquillité publique ne peut être altérée.

L X V I I I.

Il est de l'intérêt d'une Nation que le Corps exécutif soit [illegible]té, & jouiffe de la plus haute confidération, [illegible] les [illegible]oix feront mal exécutées.

Ainfi d[illegible]aie il doit être érigé en principe, [illegible]t mal faire, & fa perfonne doit être facrée.

L X I X.

Si donc il furvient des abus d'autorité dans l'exercice du pouvoir exécutif, ils ne peuvent être imputés qu'à fes Miniftres, qui doivent en demeurer refponfables.

L X X.

La Loi ne pouvant atteindre les délits fecrets, c'est à la Religion & à la Morale à la fuppléer.

Ainfi le bon ordre & la confervation d'une Société dépendent effentiellement de la piété, de la religion & des bonnes mœurs qui ne peuvent fe répandre

parmi tout un Peuple que par des inſtructions publiques, & par l'exercice d'un culte public. Auſſi les
Corps exécutif & légiſlatif devront-ils veiller ſoigneu-
ſement à ce qu'il y ait dans tous les temps des fonds
convenables & ſuffiſans pour la conſtruction & l'en-
tretien des Egliſes, & pour la ſubſiſtance de ſes Miniſ-
tres.

L X X I.

Et néanmoins aucun Membre de la Société ne
pourra ſous aucun prétexte être inquiété pour ſes opinions religieuſes. Il ne doit point ceſſer de jouir de
tous les droits de Citoyen, tant qu'il ſ̕ conform
Loix, & qu'il ne trouble pas